Jacques Morel: Sculpteur Lyonnais, 1417-1459

Natalis Rondot

In the interest of creating a more extensive selection of rare historical book reprints, we have chosen to reproduce this title even though it may possibly have occasional imperfections such as missing and blurred pages, missing text, poor pictures, markings, dark backgrounds and other reproduction issues beyond our control. Because this work is culturally important, we have made it available as a part of our commitment to protecting, preserving and promoting the world's literature. Thank you for your understanding.

JACQUES MOREL

SCULPTEUR LYONNAIS

1417-1459

PAR

M. NATALIS RONDOT

PARIS
TYPOGRAPHIE DE E. PLON, NOURRIT et Cie
RUE GARANCIÈRE, 8
—
M DCCC LXXXIX

JACQUES MOREL

SCULPTEUR LYONNAIS

(1417-1459)

Il y a eu à Lyon, au quatorzième siècle et au quinzième siècle, un assez grand nombre de sculpteurs, au moins une soixantaine. Les comptes de la ville, les délibérations du chapitre de l'Église de Lyon et les rôles des tailles nous ont permis de connaître les noms de ces maîtres, leur état de fortune, d'ordinaire fort modeste, et plusieurs des travaux qu'ils ont faits. Quelque nombreuses que soient les mentions des ouvrages de ces sculpteurs dans les documents de ce temps, nous ne pouvons pas mettre sur un seul monument le nom de son auteur, tant a été complète à Lyon, du fait du temps et le plus souvent des hommes, la destruction de nos œuvres de pierre.

Les sculpteurs lyonnais du quatorzième et du quinzième siècle ne sont plus tout à fait inconnus[1]. Ce que nous savons d'eux a son prix sans doute, et cependant, faute de pouvoir nous former, par la vue de leurs ouvrages, une idée de la valeur de ces sculpteurs, leur histoire est en quelque sorte sans intérêt.

Nous avons toutefois une exception à signaler.

M.-C. Guigue, archiviste du département du Rhône, décédé récemment, avait trouvé aux Archives nationales et a publié en 1856, dans les *Archives de l'art français*[2], le marché par lequel

---

[1] Nous avons fait connaître les sculpteurs lyonnais par de très courtes notices qui suffisent à donner l'idée de l'état de l'art de la sculpture à Lyon du quatorzième au dix-huitième siècle. (*Les Artistes et les Maîtres de métier de Lyon au quatorzième siècle*, 1882; *les Sculpteurs de Lyon du quatorzième au dix-huitième siècle*, 1884.)

[2] *Archives de l'Art français*, 1855-1856, t. IV, p. 313 à 320.

JACQUES MOREL

CHARLES, DUC DE BOURBON
(Eglise de Souvigny)

cette fois la pleine démonstration que ce maitre n'était pas Languedocien, qu'il était Lyonnais.

En outre du fait particulier de l'origine, nous présenterons notre opinion sur le caractère des conceptions et du mode d'exécution de Morel; mais, sur ce point, notre opinion diffère vraiment bien peu de celle que M. Courajod a exprimée.

Ce savant a soutenu avec fermeté des idées un peu hardies peut-être sur notre ancien art de la pierre, idées fondées sur une étude très intelligente et serrée des monuments, et nous avons dans l'ensemble le même sentiment que lui. L'événement a justifié d'ailleurs ses prévisions en plus d'un cas.

Abordons l'histoire de Jacques Morel.

Un sculpteur du nom de Morel travaillait à Lyon de 1358 à 1363 : c'était Étienne Morel, qui est inscrit sur les rôles des tailles sous les noms de « Estienne, Estiéno, Sténent, Sténo ou Tiénent Morel, Sténo ou Tiénent l'ymager ». Sa profession est indiquée comme il suit : *ymager, ymageur, imaginer, émaginer, qui fet les ymages*[1].

Étienne Morel demeurait du côté du Royaume :

1363. Royaume. « Sténo Morel émaginer.   iiij gro[2]. »

1388. Royaume. « Estieno Morel. »

« Une mayson assize au treno Saint-Pol qu'il tient et doit à Saint-Pol,   iij fr. iiij gs[3]. »

Un autre sculpteur du nom de Morel vivait à Lyon, de 1384 à 1406; c'est du moins dans cette période de temps que nous avons trouvé ce maître dans les chartreux.

[1] Les sculpteurs étaient désignés à Lyon sous les noms suivants : *émaginer, imagieur, ymageur*, au quatorzième siècle; *ymageur, ymagineur, ymaginier, ymaigier, ymagier, ymaigeur* ou *tailleur d'ymaiges*, au quinzième siècle. Les statues étaient appelées alors des images (*ymages* ou *ymaiges*), du latin *imago*. Les anciens se servaient du même mot pour exprimer la représentation de la figure humaine par le dessin ou par la sculpture, et l'*imaginarius* était aussi bien le peintre que le sculpteur. De même il y avait à Paris, sous le règne de saint Louis, une communauté de « paintres et taillières ymagiers ».

[2] Archives de Lyon, CC 59, f° 4 v°.

[3] *Ibid.*, CC 1. « Le papier du vaillant des habitans de Lyon. »

Il y avait dans le même temps, à Lyon, deux sculpteurs portant le prénom de Perrin et désignés tous les deux sous le nom de maitre Perrin. Tous les deux ont été mariés, mais l'un d'eux, celui dont nous ignorons le nom patronymique, est décédé de 1383 à 1385. Sa veuve (« la releissie maistre Perrin l'ymageur ») payait 6 sous 8 deniers tournois d'impôt en 1386 [1].

Perrin Morel, « maistre Perrin l'imageur », habitait, comme Étienne Morel, du côté du Royaume.

L'autre Perrin, Perrin Morel, demeurait « vers Porte Froc ». Dans un compte de Jacquemet de Gez, rendu pour la période de 1386 à 1390, « maistre Perrin l'imageur » est inscrit comme devant payer une taxe de « xvj s. p. (sous parisis) [2] ». Nous l'avons vu aussi sur le « Papier du vaillant des habitans » de Lyon de 1388 [3].

Il était mort en 1406, car on lit dans un chartreau fait en cette année :

(Royaume. « Vers Porte Froc », comme Perrin Morel.) « La vefve de maistre Perrin l'ymageur [4]... »

Perrin Morel est donc mort de 1388 à 1405.

Les rôles des tailles manquent pour les années 1407 à 1414, mais, en 1415, le nom de la mère de Jacques Morel parait dans les registres des taxes. Nous trouvons celle-ci dans le même ilot de maisons, vers Porte Froc, du côté du Royaume, où demeurait en 1406 la veuve de maitre Perrin Morel.

Elle s'est remariée avec Hennequin de Claye et était veuve pour la seconde fois en 1416.

Mars 1415 (1416). « Royaume. — En montant de la fontaine de Gorgoillon en Beau Regart commençant à la chayne. »

« De la relayssie [5] Hanequin de Claye, viij sols ix deniers [6]. »

La mère de Jacques Morel est inscrite seule au rôle des aides en 1416 et en 1417 [7].

---

[1] Archives de Lyon, CC 64, f° 14 r°.
[2] *Ibid.*, CC 379, f° 19 v°.
[3] *Ibid.*, CC 1, f° 239 v°.
[4] *Ibid.*, CC 64.
[5] « Relayssie », veuve.
[6] Archives de Lyon, CC 65, Aide pour la défense du Royaume, f° 16 r°.
[7] *Ibid.*, CC 65. Août 1416 : Aide « mis par le Roy pour entretenir l'armée

Jacques Morel avait pris la place de sa mère en 1420, peut-être auparavant [1].

Janvier 1419 (1420). « Royaume. — En montant de la fontaine de Gorgoillon en Beau Regart commensant à la chayne. »

« De Jaques l'imageu,   xliij sols iiij deniers [2]. »

Jacques Morel était toujours désigné en ce temps-là dans les rôles des tailles et dans les comptes sous le nom de Jacques l'imagier.

Nous avons trouvé les autres mentions suivantes :

Décembre 1420. Aide de deux mille livres « mis par les conseillers et maistres des mestiers de Lion » pour les fortifications.

« De maistre Jaques l'imageur,   xliij sols iiij deniers [3]. »

Juillet 1421. Aide mis par les trois Estats réunis à Clermont en Auvergne « pour maintenir la guerre à l'encontre des Anglois et autres enemis et rebelles ».

Première moitié, 600 écus d'or.

« De maistre Jaques l'imageur,   v livres viij sols iiij deniers [4]. »

Seconde moitié, 600 écus d'or.

« De maistre Jaques l'imageur,   v livres viij sols iiij deniers [5]. »

Aide octroyé au Régent en janvier 1421 (1422) « par les gens laiz de l'eslection de Lion... et ce pour soustenir la guerre du Roy nostre sire et mondit seigniour le Régent son seul fiz à l'encontre des Anglois et autres énemis desdis seignours ».

Premier terme, février 1421 (1422).

« De maistre Jaques l'imageur,   xliij sols iiij deniers [6]. »

Second terme, août 1422.

---

par mer come par terre », f° 50 v°. — Février 1416 (1417) : « Ayde mis par le Roy pour résister à l'emprinse des Anglois », etc., f° 83 v°.

[1] Les rôles des aides manquent pour les années 1418 et 1419.

[2] Aide de 2,000 livres tournois donné par la ville de Lyon « à monseigneur le Régent ce royaume dauphin de Viennois à son premier et joyeux advènement fait en ladicte ville au mois de janvier mil quatre cens dix-neuf (vieux style) ». Archives de Lyon, CC 65, f° 116 r°.

[3] Archives de Lyon, CC 65, f° 152 v°.

[4] Ibid., CC 65, f° 188 v°.

[5] Ibid., CC 65, f° 227 v°.

[6] Ibid., CC 65, f° 267 v°.

« De maistre Jaques l'imageur, xliij sols iiij deniers [1]. »

« Aide octroyé par les États (réunis)... à Bourges. » Janvier 1422 (1423).

« De maistre Jaques l'imageur, xxx sols [2]. »

Cette inscription est la dernière faite au nom de Jacques Morel, mais le nom de sa mère, « la mère maistre Jaques l'imageur », est inscrit de nouveau, seul, sur le chartreau de 1423 et sur chacun des chartreaux de 1423 à 1428. La désignation est si précise qu'elle ne laisse aucun doute sur l'identité de la veuve de Perrin Morel, mère de Jacques Morel, avec la veuve de Hennequin de Claye.

1423-1428. « Royaume. — En montant de la fontaine de Gorgoillon en Beau Regart. »

« De la mère maistre Jaques l'ymageur relicte [3] Hautrequin de Claye, ix sols iiij deniers ob. [4]. »

Jacques Morel était évidemment alors dans un état de fortune très modeste, car il quitta Lyon sans avoir payé en entier le montant de sa part de l'aide pour l'année 1422, et il était encore débiteur de dix sous tournois en 1434.

1434. « Royaume. — Maistre Jaques l'imageur de reste dudit don de février iiij^c xxj (vieux style), xliij sols iiij deniers, x sols [5]. »

En résumé, on peut regarder comme certain que Jacques Morel était le fils du sculpteur lyonnais Perrin Morel, et qu'il est né à Lyon. Il est probable qu'il était petit-fils d'Étienne Morel, autre sculpteur lyonnais.

Il a dû passer à Lyon le temps de sa jeunesse, et il est également certain qu'il a habité Lyon de 1417 à 1422, et probablement par intervalles de 1423 à 1425. Nous allons fournir d'autres preuves de ce fait.

[1] Archives de Lyon, CC. 65, f° 304 v°.
[2] *Ibid.*, CC 65, f° 342 r°.
[3] « Relicte », veuve.
[4] Archives de Lyon, CC 67, f° 41 r°, et CC 197, f° 33.
[5] *Ibid.*, CC 67, f° 14 v°. — Jacques Morel, qui avait quitté Lyon, puisque, sur le rôle des arrérages, on lit : *Recessit vaquat*, à la suite de son nom, a dû être déchargé de ses contributions pour les aides d'août 1422 et de janvier 1423.

Jacques Morel était maître sculpteur et maître maçon. Les maîtres maçons en ce temps-là étaient à la fois ce que sont de nos jours les architectes et les entrepreneurs de maçonnerie.

En 1418, mourut Jacques de Beaujeu, qui avait rempli depuis 1370 les fonctions de maître de l'œuvre de l'église de Lyon. Le 8 novembre 1418, le chapitre de l'église nomma Jacques Morel, en remplacement de Jacques de Beaujeu. Le maitre de l'œuvre conduisait tous les travaux de maçonnerie, de taille des pierres, de charpente et de serrurerie; il dirigeait aussi l'exécution des vitraux, des ouvrages de sculpture et de peinture, etc. Il est évident que le chapitre n'aurait pas confié à Morel une charge aussi importante si celui-ci n'avait pas été connu personnellement du chapitre et n'avait pas donné à Lyon des preuves de sa capacité.

C'est probablement à l'école de Jacques de Beaujeu, maître maçon et sculpteur, que Jacques Morel s'est formé. Il a pu recevoir les enseignements d'un sculpteur flamand qui travaillait à Lyon au commencement du quinzième siècle, Guillequin ou Villequin « li Flamens ». Celui-ci est probablement le même que Vuillequin Smont, un des « ouvriers d'ymaiges » de l'atelier de Claux Sluter. Il y avait à Lyon deux autres *ymagers* flamands, dont l'un, Hennequin, était de Tournai.

Voici la délibération du chapitre de l'église de Lyon au sujet de la nomination de Morel :

« 8 novembre 1418.

« Qua die fuit locutum de magistro Jacobo Morelli, magistro in lathomia, pro quo fuit supplicatum ut dictj dominj vellent ipsum instituere in officio magistrj operis dicte ecclesie magisterj Jacobj de Bello Joco; postque, audita opinione omnium, fuit conclusum quod ipsum retinerent in magistrum, et ipsum retinuerunt, quj juravit bene et fideliter juxta morem exercere officium suum[1]. »

Le taux des appointements de Morel fut arrêté le 18 mars 1418 (1419) :

[1] Archives du département du Rhône, Actes capitulaires, vol. IX et X réunis, f° 226 v°.

« Qua die fuit ordinatum quod stipendia magistrj Jacobj Morellj, magitrj operis, taxata sint ad xx francos per annum, quous que alias plenius fuerit deliberatum[1]. »

Jacques Morel fut le dernier maître général de l'œuvre de l'église Saint-Jean.

Nous n'avons pas découvert dans les délibérations du chapitre de l'Église de Lyon à quelle époque Morel résigna ses fonctions. La conduite des travaux de maçonnerie était la partie la plus importante de sa tâche, et ce n'est que le 2 juillet 1425 que ce maitre fut remplacé par Pierre Noyset[2]. Il est donc possible que le départ de Jacques Morel en 1423 n'ait pas été définitif.

Pendant qu'il remplissait les fonctions de maitre de l'œuvre, notre maitre fut chargé d'élever dans la cathédrale le tombeau du cardinal de Saluces. Ce monument, un des plus importants que la ville de Lyon ait possédés, fut détruit par les Protestants en 1562, mais le marché a été rédigé d'une façon si détaillée qu'on peut se faire une idée précise de cette sépulture d'un si grand caractère.

Le marché fut passé le 20 septembre 1420 entre les exécuteurs testamentaires du cardinal et Jacques Morel[3]. Il a été inséré dans les délibérations du chapitre de l'Église de Lyon, et nous le reproduisons en entier.

« Qua die magistri Jo. Lamberti et Jo. de Nemoribus, executores ultime voluntatis recolende memorie domini A., cardinalis Saluciarum[4], archidiaconi dicte ecclesie, tradiderunt magistro Jacobo Morelli, magistro operis et fabrice dicte ecclesie, prifactum cercofagie seu sepulture ejusdem in hunc modum...

« Sequitur tenor prifacti :

« Primo faciet unam assietam lapidis duri spicitudinis unius pedis alias circa, super qua secure et fortiter plantari possit et

---

[1] Archives du Rhône, Actes capitulaires, vol. XI, f° 17 r°.
[2] Archives du Rhône, Actes capitulaires, vol. XII, f° 142.
[3] Amédée II de Talaru était alors archevêque de Lyon (1415 à 1444).
[4] Le cardinal Amédée de Saluces, 1373.

valeat trelicium ferri ponendum circumcirca dictam tumbam sive sepulturam; que quidem assieta lapidis duri absque aliquo excessu erit coequalis planicei pavimenti dicte ecclesie, nisi pro majori et pulcriori demonstratione operis, secundum dictum expertorum, aliqualis superheminencia ultra dictam planiciem esset facienda.

« Item super eadem assieta lapidis duri ponetur unus lapis francus longitudinis septem pedum et latitudinis quatuor pedum, et spicitudinis unius turni, in omnibus tamen modicum plus vel minus, prout decencia et mensura operis requiret, circumcirca operatus et politus, prout decet; super quo lapide ponentur sponde lapidis franchi cum suis operationibus oportunis, et circumcirca ponentur decem octo ymagines de alabastro, scilicet in quolibet latere sex ymagines apostolorum, et in capite seu fronte dicte tumbe, a parte majoris altaris, ab una parte ymago Dei in sede majestatis, et ab alia ymago beate Marie Virginis, et in medio ymago representans animam predicti cardinalis, genibus flexis et manibus junctis, que per ymaginem beate Marie presentabitur ymagini Dei predicte; et in alio capite a parte chori, ab una parte ymago sancti Johannis Baptiste, et ab alia ymago sancti Stephani, et in medio ymago sancte Katherine, cum intermediis pilaribus, souspies et aliis decoribus oportunis sollempniter et magistraliter operatis; et super quamlibet dictarum xviij^e ymaginum, respondendo condecenter de uno pilari ad aliud, fient tabernacula de alabastro ad tres palmas aut alia, que mensura et altitudo proportionaliter dicte tumbe sustinere poterit, que quidem tabernacula seu piniones pulcriter et laudabiliter erunt operata et sculptata.

« Item et desuper eisdem spondis et tabernaculis ponetur alius lapis magnus similis longitudinis, latitudinis et spicitudinis, sicut predictus lapis inferior, modicum magis vel minus prout honorificencia operis et mensura requiret; qui quidem lapis, ut melius dici et fieri poterit, polietur et mabrabitur, et in circuitu ejusdem erit scriptum sive sculptatum : Hic jacet, etc., prout in scripto, loco et tempore, eidem magistro tradetur.

« Item et in capite dicte tumbe, a parte chori, scilicet inter chorum et tumbam, fiet una magna ymago predicti domini cardinalis cum capa, genibus flexis et manibus junctis, et de eisdem manibus procedet forma rotuli in quo erit scriptum : In sola Dei misericordia spero salvari. Que quidem magna ymago ultra proportionem duorum digitorum non excedet altitudinem ilius rotunditatis pinioni altioris que est in lapide albo in capite chori, et subtus ejusdem ymaginis jenua fiet forma unius carrelli et tapetorum ad reddendum dictam ymaginem altiorem.

« Item et modicum ante vultum dicte magne ymaginis, super quolibet latere dicte tumbe, fient ymagines duorum angelorum, quorum quibuscumque una manus sustinebit et presentabit predictum rotulum et cum alia manu tenebit arma domini cum capello; que quidem ymagines etiam fient de alabastro.

« Item et super dictam tumbam, in conspectu dicte magne ymaginis, ponetur una crux cum crucifixo supra formam unius auricularii positi a parte altaris, prout est fieri consuetum die Veneris Sancta, et in quolibet latere dicti crucifixi fiet ymago unius angeli, altero genuflexo, tenentis cum suis manibus dictum auriculare, et in pede cujuslibet angelorum dictorum, a parte retro, fient etiam arma domini cum suo chapello. Que quidem ymagines angelorum, crucifixi et aurellarii fient de alabastro et proportionabuntur taliter quod non excedent altitudinem magne ymaginis predicti domini cardinalis.

« Item et dicta sepultura seu tumba erit taliter proportionata quod lapis magnus superior se reddat ad altitudinem parvi muri existentis inter chorum et magnum altare et modicum plus vel minus, secundum quod pro clariori demonstratione dicti operis fieri poterit ad dictum expertorum.

« Item est actum et conventum quod idem magister Jacobus opus predicte tumbe jamdictum ita solempniter et magistraliter faciet prout singula queque in eadem tumba necessaria ad magnificenciorem demonstracionem decoremque tam laudabilis ecclesie et loci ac dicti domini cardinalis ipsiusque magistri Jacobi honorem exposcunt et requirunt, cum propter dicti operis excellentiam scriptis redigi non valeant, ymo nec per alium quam sufficientes et expertos in arte lapicidum.

« Item fuit actum quod idem magister Jacobus suis propriis sumptibus et expensis teneatur providere et ministrare sibi de omnibus et singulis tam lapicidus magnis et parvis, alabastro, cemento, ferro, plumbo, quam aliis quibuscumque necessariis et oportunis, usque ad appositionem trellicii ferrei exclusive, et dictam sepulturam sive tumbam completam et perfectam et in loco suo positam reddet hinc ad festum Nativitatis Domini secuturum post proximum, hoc est hinc ad festum Nativitatis Domini, quo, secundum consuetudinem Romane Curie, incipiet computari anno a Nativitate Domine millesimo cccc° xx° secundo.

« Item fuit actum et conventum quod prefati exequtores pro precio et nomine precii facture predicti sepulture incontinenti realiter tradere et solvere eidem magistro Jacobo teneantur, usque ad complementum, mille et quingentorum francorum monete currentis ; pro quo precio mille et quingentorum francorum, idem magister Jacobus pro se et suis heredibus eandem tumbam sive sepulturam facere, complere et perficere in omnibus et per omnia suis propriis sumptibus et expensis et perfectam reddere infra tempus predictum promisit, etc.

« Item quod idem magister Jacobus bene et condecenter cavere seu fide jubere teneatur et debeat[1]. »

Nous allons indiquer en quelques mots quelle était, d'après ce marché, l'ordonnance du tombeau du cardinal de Saluces.

Le tombeau, fait de marbre ou d'albâtre poli, reposait sur une assise de pierre dure d'un pied de haut ; il avait sept pieds de long sur quatre pieds de large. Dix-huit statues d'albâtre décoraient ses faces. De chaque côté étaient six statues d'apôtres ; au chevet, près du maitre autel, Dieu le père, assis sur son trône, avait auprès de lui la Vierge Marie qui lui présentait le cardinal de Saluces agenouillé et les mains jointes. Les statues de saint Jean-Baptiste, de saint Étienne et de sainte Catherine occupaient la face du côté du

---

[1] Archives du Rhône, Actes capitulaires, vol. XI, f°* 76 r° et v°, 77 r° et v°, 78 r°.

chœur. Ces statues étaient placées dans des niches très ornées, surmontées de dais et séparées par des colonnettes ; on appelait, au quinzième siècle, ces niches des tabernacles. Ce massif entouré de statues était recouvert d'une large table de pierre polie, autour de laquelle l'épitaphe était sculptée.

Une grande statue du cardinal de Saluces, lequel était revêtu de la chape, à genoux sur un coussin et les mains jointes, s'élevait à la tête du tombeau, du côté du chœur, et deux anges qui lui faisaient face tenaient, l'un un écusson aux armes du prélat, surmonté du chapeau de cardinal, et l'autre un rouleau avec l'inscription : *In sola Dei misericordia spero salvari*. Enfin, un crucifix, placé comme on a coutume de le faire le vendredi saint (c'est-à-dire horizontalement), était supporté par un ange agenouillé.

On peut donc se faire une idée de ce monument quant aux principaux traits du dessin. On voit par les termes du contrat, dont la naïveté est en ce point singulière, que Jacques Morel promettait de s'appliquer à faire une œuvre excellente, et les exécuteurs testamentaires du cardinal comptaient que l'œuvre serait digne du maître auquel ils en confiaient l'exécution.

En 1423, Jacques Morel n'exerçait probablement plus, du moins d'une façon régulière, les fonctions de maître de l'œuvre de l'église Saint-Jean. Nous n'avons pas trouvé dans les actes capitulaires l'acceptation de sa démission, mais, en 1424, Morel n'était plus porté sur les rôles des tailles et des aides. Toutefois, le rappel sur le chartreau de 1434 d'une petite partie du montant de sa contribution à l'aide de 1422 qu'il devait encore [1], donne à penser qu'il n'était pas définitivement éloigné de Lyon ou qu'il y revenait de temps en temps, ne fût-ce que pour y faire de courts séjours. Comme il n'est plus inscrit ensuite sur le registre des « Restes à payer », il est évident qu'il avait acquitté sa dette en 1434.

[1] En quelque lieu que Morel se soit trouvé et à quelque travail qu'il ait été employé, il devait gagner bien peu, car c'est par de petits payements successifs qu'il s'est acquitté de taxes arriérées, à moins que le Consulat ne l'ait déchargé par degrés d'une partie de sa dette.

Nous ignorons où ce grand sculpteur a travaillé de 1423 à 1448.

Jacques Morel demeurait à Montpellier en 1448. Nous n'avons pas encore découvert quels travaux il a exécutés dans cette ville.

Le 24 juin 1448, il était à Lyon, passant avec le duc de Bourbon le marché dont nous allons parler. Charles, duc de Bourbon, avait épousé Agnès de Bourgogne, fille puînée de Jean Sans peur et de Marguerite de Bavière sa femme. Il résolut, suivant l'usage du temps, de faire élever de son vivant le tombeau dans lequel il désirait reposer après sa mort, et il voulut que ses restes et ceux de la duchesse fussent placés dans le même mausolée. L'église de l'abbaye de Souvigny renfermait déjà le tombeau de Louis II de Bourbon et d'Anne d'Auvergne, sa femme; elle fut choisie pour recevoir cette nouvelle sépulture.

Le marché de 1448 présente tant d'intérêt que nous le reproduisons de nouveau [1] :

« A tous ceulx qui ces présentes lettres verront, Durand Baudereul, bourgeois de Saint-Pierre le Moustier et garde du scel du Roy nostre Sire en la prévosté dudit lieu, salut : Savoir faisons que, pardevant Jehan Donet, clerc juré et notaire du Roy nostredit seigneur, et dudit scel et le nostre, auquel quant ad ce nous avons commis nostre povoir, furent présens en leurs personnes très hault et puissant prince monseigneur Charles duc de Bourbonnois et d'Auvergne, d'une part, et maistre Jaques Morel, tailleur d'ymages demorant à Montpellier, d'autre part; lesdictes parties et chacune d'icelles, de leur bonne volenté, ont congnu et confessé avoir fait, passé et accordé ce qui s'ensuit : C'est assavoir que ledit maistre Jaques Morel a promis et sera tenu de faire à mondit seigneur le duc, en la ville de Souvigni, dedens l'église du monastère dudit

---

[1] Nous rappelons que c'est M.-C. Guigue qui a publié le premier cette pièce si précieuse, dans les *Archives de l'Art français*, t. IV, p. 311 à 320. On la trouvera aux Archives nationales. (Chambre des comptes, titres de la maison de Bourbon, Bourbonnais, P 1373, n° 1, pièce 2196, parchemin.) La copie que nous donnons a été faite par nous d'après le texte original conservé aux Archives.

lieu, devant l'aultier de monseigneur Saint Meril ou en tel autre lieu et place en ladicte église qu'il plaira à mondit seigneur le duc, une sépulture pour mondit seigneur le duc et pour madame la duchesse, en la manière qui s'ensuit : c'est assavoir que ladicte sépulture sera toute carrée, de dix piez de long et de six piez de large, et de la haulteur de la sépulture de feu monseigneur le duc de Bourgongne estant à Dijon. Et sera la tumbe de dessus ladicte sépulture, où les personnages de mesdis seigneur et dame gerront, de mabre noir de quatre piesses, et l'embassement de ladicte sépulture dessoubs sera semblablement de mabre noir de quatre piesses ; les espondes et cotières de ladicte sépulture seront de pierre tendre. Item, dessus ladicte tumbe de mabre noir, aura deux ymages d'albâtre blanc de Salins, représentens les personnages de mesdis seigneur et dame, de la grandeur qu'il s'apartiendra ; l'un desdiz ymages représentent mondit seigneur, et l'autre ymage représentent madicte dame. Lesquelx deux ymages ledit maistre Jaques fera de telle façon qu'il plaira à mondit seigneur le duc. Et soubs la teste de chacun ymage ; aura ung orillier de mesme ledit ymage et à la teste de l'ymage de mondit seigneur aura deux anges d'albâtre, tenans ung bassinet d'albâtre ; derrière ladicte teste et aux piez dudit ymage aura ung lyon d'albâtre. Et derrière la teste de l'ymage de madicte dame aura deux aultres anges d'albâtre qui tiendront ung escu aux armes de madicte dame ; et aux piez dudit ymage deux petis chiennes d'albâtre ou ce que bon semblera à madicte dame[1]. Item, tout à l'entour de ladicte sépulture, aura vint tabernacles d'albâtre, amcors plus que moins, que grans que petis, assis sur pilliers, ainsi qu'il appartiendra, pour lesdiz tabernacles. Et sur chacun pillier aura un angelot d'albâtre, chacun angelot tenant un escusson d'albâtre aux armes de mondit seigneur et de madicte dame. Et dedens lesdiz tabernacles aura quarente et quatre personnages d'albâtre, ou plus ou moins, plorans et portant dueil. Item, dessus ladicte sépulture aura une croix de cuivre dorée d'or qui couvrira les quatre jointes

---

[1] Voir, ci-après, pl. III.

de la tumbe de mabre noir de dessus ladicte sépulture. Et seront les esles de tous les anges et angelos, estans en ladicte sépulture, de cuivre doré; et les lettres du tiltre qui sera à l'entour de ladicte tumbe seront aussi de cuivre. Laquelle sépulture, par la manière que dit est, ledit maistre Jaques a promis de faire et acomplir bien et dehuement à ses despens, fournir et bailler tout albâtre blanc neccessaire et appartenant à faire ladicte sépulture. Et mondit seigneur le duc a promis et sera tenus de bailler et livrer, conduit en ladicte ville de Sovigni à ses despens, audit maistre Jaques, tout mabre noir neccessaire et appartenant à faire les deux tumbes de dessus et dessoubs ladicte sépulture, et livrera mondit seigneur audit maistre Jaques toute la pierre tendre qui lui fauldra à faire les espondes et cotières de ladicte sépulture. Item, plus sera tenu mondit seigneur le duc de faire faire à ses despens ladicte croix et les esles des anges de cuivre et faire dorer, et aussi les lettres du tiltre qui sera à l'entour de ladicte tumbe, et ledit maistre Jaques assoirra et mectra en euvre à ses despens ladicte croix, lesdictes esles et l'escripture dudit tiltre. Item, fera faire mondit seigneur le duc à ses despens les cave et fondemens tels qu'il appartiendra de faire dessoubs ladicte sépulture. Item, baillera et délivrera mondit seigneur le duc audit maistre Jaques Morel en ladicte ville de Sovigni, hostel pour mectre les pierres et besongnes neccessaires audit maistre Jaques à faire ladicte sépulture, ouquel hostel ledit maistre Jaques fera sa demorance et de son mesnage jusques à la fin de la besongne. Et en oultre plus, mondit seigneur le duc paiera, a promis et sera tenu de paier audit maistre Jaques, pour la façon de ladicte sépulture et pour ledit albâtre blanc fournir, et pour faire et acomplir ladicte sépulture par la forme et manière que dessus est dit, la somme de troys mil cinq cens escus d'or courans à présent; dedans le temps et terme de cinq ans prouchain venant à commancier le premier an'à la feste Saint-Michel archange[1] prouchain venant, à chacun an sept cent escus, à deux termes en l'an, c'est assavoir à Noël et à Saint-Jehan-Baptiste, à chacun terme

---

[1] 29 septembre.

JACQUES MOREL

AGNES DE BOURGOGNE, DUCHESSE DE BOURBON
(Église de Souvigny)

tous sesdiz biens et de ses hoirs présens et à venir, et a volu et veult estre pour ce compelli et contraint de par le Roy nostredit seigneur et de par nous ou celui qui sera en lieu de nous; et a renuncé et renunce mondit seigneur le duc à toutes et singulières accions et exceptions de déceptions, de mal, de fraude, d'erreur et lézion, et à tout ce généralement qui, tant de fait comme de droit, aider et valoir lui pourroient à dire, venir ou faire venir contre ces lettres et le contenu en icelles. En tesmoing de ce, nous garde du scel royal de ladicte prévosté, à la rellation dudit juré, auquel nous adjoustons foy plénière en ceste partie, avons mis et apposé le scel de ladicte prévosté à ces présentes lettres. Ce fut fait et donné en la ville de Lyon, présens révérend père en Dieu l'évesque du Puy, nobles hommes messire Gastonnet Gaste, seigneur de Luppé, Loys, seigneur d'Uppinat, Loys de la Vernade et Jehan du Chastel, chevaliers, maistre Symon de Pavie, conseillier, Jehan Sirot, trésorier général, et Hugues Courtin, secrétaire de mondit seigneur le duc, le lundi, vint quatriesme jour du mois de juingt, l'an de grâce mil cccc quarante huit.

« *(Signé :)* Donet. »

Le tombeau du duc Charles de Bourbon et d'Agnès de Bourgogne, commencé en 1448, devait être exécuté dans l'espace de cinq ans, c'est-à-dire devait être terminé en 1453. Jacques Morel paraît avoir achevé ce monument dans le temps voulu [1].

L'auteur d'un ouvrage du plus haut intérêt sur le roi René [2], M. A. Lecoy de La Marche, qui a fait une étude complète des comptes et des mémoriaux de ce prince, a découvert un sculpteur du nom de Jacques Moreau parmi les maîtres qui ont été au service du roi René. M. Lecoy de La Marche a admis que Jacques Moreau est le même que l'auteur de la sépulture de Charles Ier de Bourbon, Jacques Morel.

[1] Charles Ier, duc de Bourbon, est mort le 4 décembre 1456.
[2] *Le roi René, sa vie, son administration, ses travaux artistiques et littéraires*, 1875.

Le nom de Morel pouvait avoir la forme Moreau. On sait comme il y avait autrefois peu de fixité dans la forme des noms propres. Nous connaissons d'ailleurs, à Lyon même, bien des exemples de ce changement de la désinence dans les noms. Un peintre, Jean Ramel, qui a travaillé à Lyon de 1499 à 1538, désigné le plus souvent sous le nom de Ramel, a reçu, dans quelques articles des comptes et dans des rôles des tailles, le nom de Rameau. Un maître dorier, Jean Grivel (...1439-†1474), était appelé aussi Griveau; un orfèvre et joaillier, Richard Bigotel (...1529-1563), était connu sous le nom de Bigoteau. On sait aussi qu'on disait indifféremment au quinzième siècle Soreau et Sorel. Le père d'Agnès Sorel était Jean Soreau, seigneur de Saint-Géran et de Coudun; son frère André a gardé le nom de Soreau, et Agnès portait dans le même temps celui de Sorel.

Nous partageons l'opinion de M. Lecoy de La Marche, opinion acceptée par M. Louis Courajod, que le Jacques Morel de 1448 et le Jacques Moreau de 1459 sont un seul et même personnage.

Cela dit, voyons quel nouvel ouvrage doit être mis à l'actif de ce maître.

Le roi René ordonna, en 1450, qu'un tombeau serait érigé dans l'église Saint-Maurice, à Angers, pour servir de sépulture à sa femme, Isabelle de Lorraine, et à lui-même.

Le premier *marchié* ou *pris-fait* fut passé « le darrain jour d'aoust mil iiij⁵ cinquante » avec Jean Poncet, imagier ou tailleur d'images. Cette convention existe encore [1], et M. Lecoy de La Marche l'a publiée [2].

Jean Poncet commença le tombeau en 1450; il mourut en 1452. Il fut remplacé d'abord par son fils seul, Pons Poncet, aussi sculpteur, et ensuite par Pons Poncet et Colin de Hurion.

La tâche de l'un et de l'autre de ces maîtres n'est pas nettement

[1] Archives nationales, P 1334⁵.
[2] M. A. Lecoy de La Marche avait fait précéder son ouvrage sur le roi René d'un autre ouvrage dans lequel il a publié les documents originaux dont il devait faire plus tard un si heureux usage. (*Extraits des comptes et mémoriaux du roi René*, 1873.)

définie dans les documents, et il semble qu'ils n'aient été que de simples sculpteurs. Quoi qu'il en soit, le nom de Jacques Moreau n'est mentionné dans les lettres des gens des comptes du Roi qu'en 1459.

« 19 juillet 1459.

« ...Sire,

« Maistre Jacques Moreau est presque à la fin des chevaliers et dammes de vostre sépulture. Nous les visitons souvent et est très belle et riche besongne. Le maistre de voz œuvres dit que en ce royaume n'a ouvrier qui sceust approucher en ce cas dudit maistre Jacques. Il est seul et besongne tout de luy et par ce convient que l'ouvraige prenne long train [1]... »

Le roi René a répondu de Marseille :

« 9 septembre 1459.

. . . .

« Au xᵉ (article) qui est que maistre Jacques Moreau est presque à la fin des chevaliers et dammes de nostre sépulture, et que les visitez souvent et est très belle et riche besoingne, nous avons sceu par autres lettres comment il est trespassé et que ladicte sépulture n'est encores achevée. Et pour ce que nous ne savons nul pareil ouvrier qu'il estoit, faictes enquérir et savoir à Bourges si les Flamans qui ont besongné en celle de feux le duc de Berry, en laquelle monseigneur le Roy a fait naguère besoigner, et, comme nous croions, fait encores de présent, s'ilz y sont encores, et les faictes venir, s'il est possible de les avoir, pour l'achever, comment qu'il soit [2]... »

Cette lettre de René s'est croisée avec une lettre des gens des comptes du Roi du 15 septembre 1459.

« Sire, maistre Jacques Moreau est allé de vie à trespassement, en dette envers pluseurs personnes, et n'a esté trouvé riche en or et argent que de v sols. Les chevaliers et dammes de vostre sépul-

---

[1] Archives nationales, P 1334⁷, fᵒ 59. — Lecoy de La Marche, *Extraits des comptes*, p. 56.
[2] Archives nationales, P 1334⁷, fᵒ 72 vᵒ. — Lecoy de La Marche, *Extraits des comptes*, p. 56 et 57.

ture sont parachevez, excepté une petite porcion de l'un des ymaiges [1]... »

Enfin le nom de Jacques Moreau paraît encore dans la lettre suivante des gens des comptes [2] :

« 13 février 1460.

« ...Sire, Au fait de vostre sépulture, dont nous escripvez que envoyons quérir des ouvriers à Bourges pour faire parachever l'ouvraige des chevaliers et dammes que feu maistre Jacques Moreau avait la charge de faire et acomplir, Sire, il n'est besoing de ce faire, et nous semble que autresfoiz vous en avons escript, pour ce que lesdits chevaliers et dammes sont faiz et acompliz fors seulement une main qui se fera bien aisément par Poncet... Et fait très beau veoir lesdits personnaiges [3]... »

Jacques Morel a donc été chargé de faire une partie des statues du monument, tout au moins ces groupes de chevaliers et de dames dont il est question dans les lettres précédentes.

L'ordonnance du tombeau différait de celle du mausolée de l'abbaye de Souvigny [4]. Ce tombeau était appliqué contre la muraille de l'église; c'était une conception italienne. Le roi René, qui n'oubliait pas son titre de roi de Sicile et qui était familier avec l'art monumental italien, aura imposé cette partie du programme et aura même indiqué de quels modèles il fallait s'inspirer. La statue de René et celle de sa femme Isabelle de Lorraine, faites de marbre blanc, étaient couchées sur une large table, et plusieurs statues s'élevaient alentour : c'était Jésus crucifié, la vierge Marie et saint Jean, saint Michel et la Madeleine. Par devant étaient trois chevaliers et trois dames.

[1] Archives nationales, P 1334⁷, f° 65 v°. — Lecoy de La Marche, *Extraits des comptes*, p. 57.

[2] Cette lettre répondait à une lettre de René du 8 novembre 1459, dans laquelle le Roi confirmait l'ordre qu'il avait donné dans sa lettre du 9 septembre 1459.

[3] Archives nationales, P 1334⁷, f° 101. — Lecoy de La Marche, *Extraits des comptes*, p. 59.

[4] M. Lecoy de La Marche a donné la description du tombeau. (*Le Roi René*, p. 21.)

Nous ne connaissons que par le marché du 31 août 1450 le caractère qu'avaient ces deux groupes :

« Item, pour les troys chevaliers qui porteront l'un le heaulme, l'autre la banière, l'autre l'estandart, laquelle banière et estantart seront de léton, et troys dames assises ou devant de la sépulture, faisant manière de dueil et disant leurs heures, et seront de pierre de Rajasse [1]... »

Ces groupes, surtout le groupe des chevaliers, qui introduisaient dans la disposition générale du monument une décoration si nouvelle et véritablement originale, devaient produire un grand effet, et les gens des comptes du Roi ont dit d'eux que c'est « très belle et riche besongne ». Les chevaliers avaient chacun cinq pieds de haut.

Il est possible que Jacques Morel soit l'auteur de la sépulture de René quant à la composition ou d'un projet de cette sépulture.

En effet, on voit mettre, le 12 octobre 1450, « ou petit coffret de la grant chambre des comptes... la portraicture de la sépulture du Roy [2]... »

Et René écrivait de Toulon, le 18 décembre 1459, qu'on lui fit apporter « le patron qui fut de maistre Jaques Moreau [3] ».

Le *patron* exécuté par Jacques Moreau n'est-il pas « la portraicture de la sépulture » faite en 1450? Le *patron* est-il le dessin du tombeau tout entier, ou est-il un nouveau dessin de ces groupes des chevaliers et des dames qui est certainement l'œuvre propre de Moreau?

Quoi qu'il en soit, René, qui a fait plusieurs séjours à Lyon et qui y avait vu le mausolée du cardinal de Saluces, connaissait certainement Jacques Morel, et il est possible qu'il ait demandé au maître hors de pair qui avait élevé ce dernier monument un projet pour sa propre sépulture.

Le tombeau du roi René a été détruit, et il n'en reste que des

---

[1] Archives nationales, P 1334⁵, f° 36. — LECOY DE LA MARCHE, *Extraits des comptes*, p. 47.
[2] Archives nationales, P 1334⁶, f° 21.
[3] Archives nationales, P 1334⁷, f° 93 v°.

débris; on ne possède aucune représentation du monument primitif, de sorte que ce dernier travail de Jacques Morel n'est connu que par les lettres que nous avons citées.

Nous ne devons pas passer sous silence un autre Jacques Morel qui, à la même époque, fut aussi maître maçon et sculpteur.

Ce Jacques Maurel[1] (*Jacobus Maurelli, lapicida*) habitait en 1448 à Rodez, et passa dans cette ville, le 25 octobre 1448, un marché avec le chapitre de l'église de Rodez. Maurel s'engagea à tracer le plan et les dessins du portail méridional de la cathédrale et à le construire; ce portail devait être orné de cent huit statues de pierre au moins. Jacques Maurel dirigea cette entreprise et y travailla de ses mains de 1448 à 1456; il disparut en l'abandonnant dans cette dernière année[2].

Notre Jacques Morel, Jacques Morel le Lyonnais, demeurait à Montpellier en 1448 et signait à Lyon en cette année le prix fait pour l'exécution du tombeau du duc de Bourbon. Le Jacques Maurel de Rodez était, à n'en pas douter, dans cette dernière ville à la même époque et dans les années suivantes, de sorte qu'on peut tenir pour certain que le même nom était porté dans le même temps par deux maîtres différents.

Jacques Morel ne nous intéresse pas seulement par ses œuvres personnelles; il n'a pas été isolé dans le mouvement particulier qu'il représente. A-t-il été entouré dans son atelier de quelques élèves, tout en y travaillant de ses mains? a-t-il été le chef, l'inspirateur d'une petite école qui a mis à profit ses enseignements et ses exemples? Nous l'ignorons. En examinant des ouvrages de ce temps, on voit l'effet de son influence. Le tombeau d'Agnès Sorel en donne une preuve.

---

[1] L'orthographe du nom est différente, mais cette différence (Morel et Maurel) est sans importance. Au quatorzième et au quinzième siècle, les nombreux noms de personnes dérivés de Maure étaient écrits indifféremment Maure ou More.

[2] Archives de l'Aveyron, fonds de l'église de Rodez. Voir l'*Histoire de la cathédrale de Rodez*, par L. Bion de Marlavagne, 1875, p. 58 et suiv., 291 et suiv.

Agnès Sorel est décédée à Loches en février 1450; elle fut inhumée dans le chœur de l'église, et un monument fut élevé sur sa tombe. Ce monument a été déplacé en 1777[1] et doit probablement à ce déplacement d'avoir été conservé.

La statue de marbre blanc repose sur une table. Deux anges sont agenouillés de chaque côté de la tête, et les pieds d'Agnès sont appuyés contre deux agneaux. Cette statue n'a, ni comme art, ni comme exécution, la valeur de la statue de la duchesse de Bourbon. Elle a plus de froideur, moins de sincérité et de correction. Dans le talent du sculpteur la souplesse est moindre. On retrouve dans les plis de la robe le jet caractéristique des plis des statues de Souvigny, avec un peu moins d'ampleur et de naturel.

A l'époque où Morel exécutait les statues du duc et de la duchesse de Bourbon, on travaillait à la sépulture d'Agnès Sorel. Loches n'était pas éloigné de Souvigny. Il n'y a pas d'ailleurs à tenir compte des distances : les pièces de ce genre étaient faites souvent dans l'atelier même du maître; on les transportait ensuite à leur destination, même à une distance très éloignée.

M. Courajod a signalé les traits qui rattachent la statue dont nous venons de parler à l'œuvre de Jacques Morel, sans toutefois la lui attribuer. L'analogie ne saurait être contestée.

Un homme comme ce maître, dont la vie de travail dépasse quarante années, a dû avoir dans les grandes entreprises de son temps une part plus grande que celle que nous lui avons assignée d'après les rares documents qui ont échappé à la destruction. On arrivera par degrés à découvrir quels ouvrages sont sortis de sa main et dans quel cercle il a exercé son influence.

En résumé, Jacques Morel, fils d'un sculpteur lyonnais et né à Lyon, travaillait dans cette ville en 1417 et y était investi en 1418

---

[1] Le tombeau d'Agnès Sorel a été transporté en 1809 dans la tour du château de Loches, où il se trouve encore.

des fonctions de maître de l'œuvre de la cathédrale, il demeurait à Montpellier en 1448 et à Angers en 1459, et est décédé dans cette dernière ville en 1459. Il devait avoir atteint alors un âge avancé.

Jusqu'à ce point de notre étude, nous n'avons fait en quelque sorte que présenter les documents originaux, et l'on a pu juger d'après eux des travaux que notre maître a accomplis. Il reste à essayer de montrer quelle a été la valeur de ce sculpteur et quel a été le caractère de son œuvre. Cette partie de notre tâche est assez difficile à remplir; car, si l'histoire de la sculpture en France n'est pas incertaine, à notre avis, dans cette période du quinzième siècle, qui fut si brillante et qui offre tant d'intérêt, le champ des controverses est encore ouvert.

M. Louis Courajod a exprimé l'opinion que Jacques Morel était un pur Bourguignon, au moins de doctrine et de style. Nous n'y contredisons pas.

A ce sujet, M. Courajod a établi une distinction entre l'art flamand et l'art que, à raison des œuvres de l'école de Dijon, il a appelé l'art bourguignon. « L'art bourguignon, a-t-il dit dans une étude qui est neuve et attrayante, cet art, bien qu'il fût d'origine ou d'influence soumis à l'art flamand, est plus chaud, plus coloré, plus puissant, moins raffiné, moins élancé, mais plus trapu et plus nerveux[1]. »

Une école de sculpture s'était formée en effet à Dijon, grâce à l'esprit d'entreprise et à la volonté persévérante des ducs de Bourgogne de la maison de Valois, et principalement de Philippe le Hardi. Cette école, dont les premières inspirations furent flamandes, qui resta fidèle à son principe, a acquis à juste titre un haut renom et l'a gardé jusqu'au milieu du quinzième siècle. Malgré ses origines et ses renouvellements, nous pouvons la regarder comme nôtre; la terre bourguignonne était une terre française.

Longtemps auparavant, l'art de la Flandre avait pénétré dans

[1] *Jacques Morel, sculpteur bourguignon. Gazette archéologique*, année 1885, p. 248.

AGNÈS SOREL
(Château de Loches)

notre pays, et, sous son influence, nos sculpteurs ont fait des œuvres d'une rare excellence. Nos Valois du quatorzième siècle avaient un grand goût pour cet art et engagèrent des Flamands à leur service. A ce contact, à ces exemples, nos maîtres nationaux prirent une nouvelle direction et acquirent plus de force.

Un peu plus tard, un Flamand du Nord, Claux Sluter, « ouvrier d'ymaiges et varlet de chambre » de Philippe le Hardi, qui fut un des plus grands maîtres du quatorzième siècle, successeur dans son office d'un autre grand maître, celui-ci Flamand du Midi, Jean de Marville, dont il n'est guère possible de déterminer l'œuvre, Claux Sluter, disons-nous, imprima aux sculpteurs qui se pressèrent dans son atelier, Flamands pour la plupart, quelques-uns Bourguignons, une direction très personnelle. Cependant, malgré l'enseignement et l'inspiration de maîtres purement flamands, l'école de Dijon, qu'on connaît bien par les œuvres qui restent d'elle, n'est pas absolument flamande. Elle a son caractère propre, et c'est un fait digne d'attention.

La remarque de M. Courajod, que nous avons présentée plus haut, est vraie. Peut-être est-il excessif d'appeler bourguignon cet art issu de l'art flamand et qui en diffère d'une façon marquée. Car cet art, qui est assez divers, on en observe les manifestations en plus d'une région de notre pays. C'est en quelque sorte un art de transition. Il a succédé à un art également vigoureux et qui avait reçu aussi l'empreinte de l'inspiration flamande, mais il en était absolument indépendant. Ces éclosions ont eu lieu sur la terre française ; elles se sont continuées par l'initiative ou avec l'aide de maîtres français, et l'on observe en plus d'un cas dans ces manifestations de l'art un peu du génie de l'ancienne école française.

Il y avait quelque hardiesse, avec les idées qui ont eu cours si longtemps en notre pays, à faire la distinction dont nous parlons. Quoi qu'on ait dit, celle-ci est le plus souvent très visible, et il est facile de la justifier par une analyse un peu intelligente. M. Courajod a entrepris cette démonstration, et quelque jour l'histoire de notre sculpture se présentera avec une ordonnance nouvelle.

L'art de l'école de Dijon, ou, si l'on veut, l'art français du quatorzième et du quinzième siècle, a en général moins de sécheresse, plus de vigueur et d'ampleur que l'art qui fut, aux premiers temps, son modèle par les maîtres et par les exemples. L'évolution se fit rapidement, et, dans les œuvres de nos sculpteurs, on observe en la suite des temps plus de noblesse et un goût plus fin. Peu importe d'où est venue cette sorte de raffinement : d'un retour vers les maîtres *primitifs* ou d'un plus grand effort vers le vrai.

Les ouvriers flamands de la Chartreuse de Champmol, à Dijon, ont ressenti l'influence du milieu dans lequel ils ont travaillé, comme aussi ils ont exercé sur les maîtres français une action que ceux-ci avaient éprouvée antérieurement. Bien avant Sluter, il faut le redire, la *manière* si originale, si vive, si sincère, des Flamands du Nord et du Midi a, par une pénétration insensible, modifié partout celle de nos *imagiers*. Le mouvement que l'atelier de Dijon imprima porta au plus haut point l'entraînement vers cette forme de l'art si heureuse et déjà si séduisante, de sorte que, à raison de ce fait et du degré d'importance de cet atelier, on accorde à l'école bourguignonne l'honneur d'un élan qui se produisait partout.

Notre ami le marquis Léon de Laborde, juge si clairvoyant de toutes les manifestations de l'art, était dominé par la grandeur des résultats obtenus sous l'impulsion de Philippe le Hardi, quand il a dit que « notre statuaire moderne a son berceau à Dijon ». Il a ajouté, ce qu'on ne saurait contester, que « les monuments de Dijon ouvrent, dès la première moitié du quinzième siècle, avec une ampleur et une indépendance surprenantes, l'ère de la Renaissance[1] ». Oui, il faut laisser, il faut donner à Dijon le bénéfice de ce mouvement puissant, et, si nous acceptons, pour une partie de notre art du quinzième siècle, cette appellation d'art bourguignon

---

[1] *Les Ducs de Bourgogne, Preuves*, t. I, p. 75.

qui laisse quelque incertitude dans l'esprit, c'est qu'elle exprime le mieux l'impression qu'on garde de cette école et de son rayonnement.

L'art français de la pierre était merveilleux au douzième et au treizième siècle, au quatorzième et au quinzième siècle. L'atelier de Dijon et l'atelier de Paris ont été, au quatorzième et au quinzième siècle, des centres d'action, des foyers où s'accomplissait la fusion des éléments, en proportion sans cesse variable, de notre art et de l'art de la Flandre, et il faut reconnaître que la part de l'art flamand fut de beaucoup la plus large. En tous lieux avait lieu le même travail avec les diversités qui résultaient, et du tempérament particulier des artistes de la région, et du sentiment historique local, et de la nature des entreprises.

Ces diversités, on les observe en Bourgogne comme ailleurs. L'art bourguignon n'oubliait pas sans doute à quelles sources il avait puisé ; il gardait les mêmes modes d'expression et le même sentiment de l'art, mais, dans le même temps, il perdait de son élévation, il ne restait plus grand art, il s'affaiblissait, devenant en quelque sorte plus *réaliste,* prenant le caractère d'une école provinciale. Notre art à nous, le nouvel art français, s'élevait.

Tandis que nous avions chez nous cet art bourguignon si vivant qui a eu son originalité, l'art flamand, qui nous avait envahis naguère et dont les manifestations ont été si hautes dans plus d'une de nos provinces, l'art flamand devait se répandre aussi en Italie. Sa pénétration fut plus grande en ce pays qu'on ne le soupçonne, mais sa puissance d'expansion fut contenue, son action fut peu prolongée, et, par un retour singulier, un courant nouveau porta chez nous l'art italien. L'influence italienne fut toutefois moins forte chez nous, dans l'ensemble, que ne l'avait été celle de la Flandre. C'est ainsi que, à la suite de ces apports successifs, nous sommes entrés en possession d'un art particulier bien équilibré, qui est devenu notre art national. Dans l'art de notre ancienne école, déjà si vigoureux et qui n'était pas tout à fait nôtre, l'art flamand avait introduit un puissant esprit de vérité ; l'art italien, issu de l'art de l'antiquité, devait lui donner la mesure, l'élégance et la fierté : on s'en rend compte en voyant les œuvres charmantes du commencement du seizième siècle. Et c'est ainsi que, avec des idées et des procédés d'art divers, nous en sommes venus à nous faire nous-mêmes et, après un long effort, à avoir notre propre école. Il sera toujours vrai de dire que c'est à Dijon que cette entreprise a pris corps définitivement et qu'elle fut poursuivie avec le plus d'énergie et un goût très ferme.

Ce qui s'est produit en France, le retrouvons-nous à Lyon? Cela est incertain.

Lyon est peu éloigné de Dijon, et il semble que l'influence des maîtres de l'école de Dijon aurait dû être bien marquée dans notre ville. Toutefois, si l'on observe cette influence dans quelques-uns de nos monuments, elle parait avoir été assez faible. Lyon, sans être resté en dehors du courant de l'art franco-flamand, ne s'y est pas abandonné; des ouvrages isolés marqués au coin du style bourguignon ne suffisent pas, à notre avis, pour faire comprendre la région lyonnaise dans le champ d'action du grand atelier de la Bourgogne. Il nous semble que la pénétration de l'art bourguignon a été faible à Lyon. Aucun des principaux collaborateurs de Sluter ne s'est établi dans notre ville. Un seul tailleur d'images parait avoir appartenu à l'atelier de Dijon : c'est, en 1398, Gillequin ou Villequin le Flamand, qui est probablement le même que Vuillequin Smont, employé par Sluter en 1393 et en 1394. S'il y a eu à cette époque d'autres Flamands, il semble, d'après la courte durée de leur séjour, que c'étaient des maîtres nomades, comme ce maître Hennequin qu'on retrouve à Troyes, à Romans, à Paris, etc.

L'atelier de la Chartreuse a dû attirer à lui bien des ouvriers. La façon saisissante dont Claux Sluter représentait la figure humaine et ordonnait l'ornementation de pierre fut vite acceptée; elle n'était pas neuve, elle n'était pas non plus correcte, mais l'action de Sluter fut décisive. Ce qu'on sait de lui montre quel rare et vigoureux tempérament d'artiste il avait. C'était un maître puissant. Plus d'un document atteste comme les maîtres français connaissaient bien et suivaient les travaux faits à Dijon et s'inspiraient des exemples que ces ouvrages leur offraient. Le retentissement qu'eut l'œuvre commandée par Philippe le Hardi fut grand, et, en même temps, il est étrange que nous, à Lyon, qui ne sommes pas restés étrangers à cet enseignement, nous ne nous soyons associés à ce mouvement qu'avec une sorte d'indifférence, de mollesse ou plutôt de réserve.

Jacques Morel, le premier des sculpteurs lyonnais du quinzième siècle, a-t-il travaillé à Dijon ? A-t-il appartenu directement à l'école bourguignonne ?

Nous n'avons trouvé aucune mention de lui dans les pièces de la Chambre des comptes de Bourgogne pour la période antérieure à 1417, et, de 1417 à 1423, la résidence de Morel à Lyon est certaine.

Quand Charles de Bourbon résolut de faire construire, de son vivant, son tombeau dans l'église de Souvigny, lui qui avait épousé une fille de Jean Sans peur, il dut, d'après M. Courajod, faire choix d'un sculpteur appartenant à l'école bourguignonne. Ce que nous connaissons de Morel ne démontre pas qu'il se soit attaché très étroitement à cette école. Il a dû être formé par le maître de l'œuvre de notre cathédrale, un maître purement français. Il a connu à Lyon même des sculpteurs flamands, le Villequin dont nous avons parlé, et si celui-ci a été un des ouvriers de Sluter, Morel aura trouvé près de lui l'enseignement sans lequel il ne se serait pas sans doute élevé aussi haut. Malgré tout, il paraît avoir été un indépendant; il est bien un enfant de notre sol, un élève de notre atelier.

L'école de Dijon avait adopté pour les tombeaux un type très décoratif d'inspiration flamande, dont l'ornementation, quelque diverse qu'elle ait été, avait toujours une originalité bien tranchée. Des *pleureurs* (les *plourants*) étaient l'accompagnement obligé des statues funéraires de princes, de seigneurs ou de prélats. Or Jacques Morel, élevant dans l'église Saint-Jean à Lyon la sépulture du cardinal de Saluces, a montré la résolution de ne pas prendre son modèle dans les monuments bourguignons. Il s'est écarté du thème de décoration et des formes que les maitres de Dijon avaient conçus et avaient développés si habilement. Un élève direct de ces maîtres, un ouvrier de la Chartreuse de Champmol, n'aurait pas osé rompre avec la tradition de son école. Cette œuvre de Morel est tout à fait sienne; la conception n'était pas sans hardiesse, et l'ensemble avait de la grandeur. Jacques Morel n'avait pas, pour la composition du mausolée de Souvigny, la même liberté que pour le dessin du tombeau du cardinal de Saluces. Il ne pouvait pas, travaillant pour le gendre de Jean Sans peur, ne pas tenir compte des exemples que l'école de Dijon lui offrait, et, tout en marquant de son empreinte l'œuvre nouvelle, il ne pouvait pas ne pas reproduire dans une certaine mesure les traits principaux des sépultures monumentales bourguignonnes. On voit, par les termes mêmes du marché, par les grandes lignes du dessin, la volonté de rappeler par quelques côtés la tombe de Jean Sans peur. Plus tard, Morel (si, comme il le paraît, il fut l'auteur du tombeau du roi René) dut suivre les directions de ce prince et chercher son inspiration dans l'art italien.

S'il n'y a pas dans la disposition générale de la sépulture du duc de Bourbon de notables dissemblances avec celle de Jean Sans peur, on peut dire que l'exécution est tout autre, au moins dans les parties essentielles. Jacques Morel procède toujours de l'école bourguignonne, mais il est supérieur aux sculpteurs de l'atelier de Dijon.

Le style n'est plus celui de l'école de Sluter; il n'est pas non plus celui de l'école flamande proprement dite. Le style de Morel est très personnel; il est plus ferme, plus élevé, nous allions dire plus élégant; il a plus de chaleur. La statue du duc de Bourbon est une œuvre de grand art; la noblesse et la correction y sont associées à la vérité et à la vigueur. Jacques Morel nous a laissé un portrait plein d'expression, de finesse et pour ainsi dire de vie, de Charles de Bourbon. L'œuvre est toujours belle, malgré ses mutilations. Le maître, de quelque façon qu'il se soit formé, avait le plus heureux tempérament d'artiste. C'était un Français, un Français de terre française, qui avait eu la forte préparation qu'on acquérait dans les chantiers de nos cathédrales et qui avait suivi dans leur voie les maîtres hardis et originaux de l'atelier de Dijon. Il ne s'était pas absolument soumis à la discipline de cet atelier incomparable; son talent avait sa propre trempe et l'avait gardée. Morel a donné à ses personnages une attitude libre, personnelle : le duc est altier, la duchesse ingénue et modeste. L'ensemble a de la dignité, de la largeur et de la correction. Le travail du ciseau est d'une rare sûreté. Sous l'indépendant on retrouve le Bourguignon, mais on ne retrouve pas celui-ci tout entier. C'est que Morel paraît avoir été un esprit libre et fier; il est remonté plus haut qu'on ne le faisait alors à Dijon. En certains points, il s'est inspiré des vieux maîtres des Flandres. Où l'on voit le mieux le fruit des enseignements qu'il a puisés dans l'art flamand, c'est dans les longues robes des personnages[1]. Nous nous arrêtons à un accessoire de l'œuvre, mais cet accessoire a sa valeur. Les plis sont naturels et larges; ils ont au bas l'ampleur, les cassures variées, un peu exagérées, caractéristiques de la *manière* de van Eyck. Le sculpteur, qui s'est attaché si ouvertement à ce détail de sa mise en scène, a montré quel vif attrait avait pour lui cette façon de présenter le costume et ce côté du goût flamand.

Tout, en son œuvre, est d'un maître qui, malgré les exemples qu'il s'est donnés, malgré ce dernier trait qu'il a emprunté aux *primitifs* de l'école flamande, est bien à nous. Il est à nous par son origine, par sa préparation, par sa façon personnelle et élevée d'appliquer la doctrine d'art qu'il a suivie. Son goût et son style, sa correction et sa chaleur, ont un caractère qui lui assigne une place à part dans le groupe des Bourguignons.

M. Courajod, qui, bien avant nous, a rattaché directement Morel à l'école bourguignonne, a eu le même sentiment. Il a témoigné de l'excellence qu'il attribue aux statues de Souvigny, et a tenu un compte particulier de cette personnalité supérieure. L'auteur de

[1] Le duc de Bourbon est revêtu de son armure, mais une longue robe de religieux recouvre cette armure, qu'on voit sur les côtés par les fentes de la robe.

la statue de Charles de Bourbon ne pouvait pas ne pas être en quelque sorte séparé des maîtres qui ont travaillé à la Chartreuse. « Le tombeau de Charles de Bourbon, a dit M. Courajod, est absolument un chef-d'œuvre. Les statues funéraires de Dijon ont été elles-mêmes surpassées [1]. »

M. Courajod a ajouté : « L'auteur du monument de Souvigny nous a laissé le type le plus accompli de l'art bourguignon de la sculpture. » Oui, c'est là un type accompli, un des types accomplis de cet art où il y a tant de souplesse. C'est le type de l'art qui devait à Claux Sluter sa première formule, d'un art plus noble. Et, pour mieux exprimer notre pensée, nous rapprocherons le tombeau de Souvigny de cet autre tombeau qui, grâce à M. Courajod, est entré au musée du Louvre. Le tombeau de Philippe Pot [2], tombeau polychrome, est postérieur d'une trentaine d'années, à peine ; mais comme tout y est plus robuste, plus lourd, plus franc, plus *réaliste*, en même temps plus hardi, trop hardi, rare modèle d'une des formes dernières (d'une forme si intéressante) de cet art bourguignon qui ont conduit à l'art français! On ne retrouve plus en ce tombeau la haute inspiration des premières œuvres de Sluter. Jacques Morel avait un sentiment de l'art plus élevé, plus de distinction, de pureté dans le dessin et une plus grande habileté de main ; il est supérieur de toute façon à l'auteur de cette œuvre vigoureuse dans laquelle l'audace a dépassé la mesure.

Le mausolée de Souvigny est l'ouvrage d'un grand artiste et un des plus précieux monuments d'une grande école.

Nous avons dit tout ce que nous savions sur Jacques Morel, un maître qui est encore presque inconnu.

[1] *Gazette archéologique*, année 1885, p. 245.
[2] Philippe Pot, seigneur de La Roche, né en 1428, grand sénéchal du duché de Bourgogne, abandonna la cause de Charles le Téméraire et passa au service de la France. Louis XI le fit gouverneur du Dauphin et gouverneur de la Bourgogne. Philippe Pot mourut en 1494, et son tombeau fut érigé de son vivant dans l'église de l'abbaye de Cîteaux.

La ville de Lyon est fondée à le compter parmi ses enfants.

Le nom de Morel est attaché à trois grandes entreprises, à trois tombeaux dont chacun a eu un caractère différent, dont chacun eût à lui seul donné la célébrité à son auteur. On peut encore juger de ce que fut le talent de cet *imagier* du quinzième siècle et de ce que son ciseau a produit.

Morel doit être placé au premier rang de nos sculpteurs. Les statues de Souvigny complètent les enseignements que présentent les statues du puits de Moïse et des tombeaux de Dijon; elles n'en appartiennent pas moins à notre art, à l'art français. Ces statues ont pour l'histoire de cet art une haute valeur; par elles s'ouvre une de nos plus brillantes périodes, et notre école trouvera toujours en ce monument un incomparable modèle.

Printed by Libri Plureos GmbH in Hamburg, Germany